지음 **ReadyAI**

전 세계 학생들에게 인공지능 교육을 보급하기 위해 AI 분야 최고의 연구자, 기관
및 기업과 협력하고 있어요. 인공지능 교육이 재미있고, 창의적 · 협력적 · 공감적 ·
윤리적이어야 한다고 믿으며 인공지능 교육 대중화를 위해 노력 중이에요.

옮김 **이정모**

연세대학교와 같은 대학원에서 생화학을 공부하고, 독일 본대학교에서 유기화학을
연구했어요. 현재 국립과천과학관장으로 일하면서 과학의 대중화를 위한
저술과 강연 활동을 하고 있어요. 그가 쓴 어린이 과학책으로는 〈우리는 물이야〉,
〈과학자와 떠나는 마다가스카르 여행〉, 〈내 방에서 콩나물 농사짓기〉,
〈유전자에 특허를 내겠다고?〉, 〈책짓기〉, 〈나는야 초능력자 미생물〉,
〈꽃을 좋아하는 공룡이 있었을까?〉 등이 있어요.

감수 **장병탁**

서울대학교 컴퓨터공학부 POSCO 석좌 교수이며, 인지과학/뇌과학 협동 과정
겸임 교수, 서울대 AI연구원(AIIS) 원장이에요. 2003년 MIT 인공지능연구소(CSAIL)
및 뇌인지과학과 초빙 교수를 역임하였으며, 한국정보과학회 인공지능소사이어티
초대 회장, 서울대학교 인지과학연구소장, 한국인지과학회 회장을 역임한 바
있어요. 2019년부터 한국뇌공학회 회장으로서 뇌 과학의 발전과 산업화에도
기여하고 있어요.

감수 **김수환**

경인교육대학교 학사 · 석사를 거쳐 고려대학교에서 컴퓨터 교육 박사 학위를
취득하였고, SW · AI 교육 관련 교재 집필, 교사 연수, 교육 과정 개발 등에 참여하고
있어요. 초등학교 교사 15년 경력이 있으며, 현재 총신대학교 교수로 학생들에게
컴퓨터, SW · AI를 가르치고 있어요. 한국컴퓨터교육학회 부회장,
한국정보과학교육연합회 이사로 활동하고 있고, 총신미디어연구소장,
총신원격교육지원센터장으로 일하고 있어요.

감수 **이지항**

영국 Bath 대학교에서 AI 전공으로 박사 학위를 취득하였고, 현재 상명대학교
휴먼지능정보공학과에서 학생들을 가르치고 있어요. 산업통상자원부 장관 표창(2020)
과 한국인공지능학회 최우수논문상(2020)을 수상하고, 2020년 교육부가 시행한
K-MOOC AI, 자율에이전트 부문 강좌를 진행하고 있어요. 합리적이면서 도덕적으로
의사결정하는 인간의 뇌를 닮은 인공지능에 관심을 갖고 연구하고 있어요.

AI와 나
빅 아이디어 5 – 사회적 영향
AI는 어떻게 세상을 바꿀까?

ReadyAI 지음 | 이정모 옮김 | 장병탁 · 김수환 · 이지항 감수

빅 아이디어 #5

인공지능은 우리 사회에 좋은 쪽으로도,
나쁜 쪽으로도 영향을 줄 수 있어요.

인공지능은 우리 사회에
여러 가지 영향을 주지요.

자율주행 자동차를 예로 살펴볼까요?

자율주행 자동차가 사회에
<u>영향</u>을 줄까요?

물론이죠!

그렇다면 자율주행 자동차는
항상 좋은 영향을 줄까요?

물론이죠!

누구에게 좋은 영향을 주고
누구에게 나쁜 영향을 줄까요?

자율주행 자동차를
만드는 회사

일반 자동차를
만드는 회사

운전을
못 하는 사람

트럭 운전기사

택시 운전기사

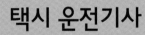

또 누구에게 영향을 줄지 생각해 볼까요?

자율주행 자동차가 왜 필요할까요?
이런 질문은 꼭 한번 생각해 볼 만한
중요한 질문이에요.

사람들은 이미
운전할 수 있어요.

자율주행 자동차는 비싸요.

지구에는 더 큰 문제가 많아요.

아래 두 친구의 의견은 다르네요.

운전을 못 하는 사람도 쉽게
자동차로 돌아다닐 수 있게 될 거예요.

자동차 사고도
줄어들 거예요.

차가 막히는 일도
줄어들 거예요.

우리는 인공지능에 관하여
다음 세 가지 질문을 꼭 해야 해요.

● 왜 인공지능이 필요할까요?

● 인공지능의 도움을 받는 사람은 누구일까요?

● 인공지능으로 피해를 보는 사람은 누구일까요?

좋은가요?

나쁜가요?

자율주행 자동차를 포함한 인공지능 기술은
더 많은 방법으로 모든 사람들에게 영향을 줄 거예요.

인공지능 기술 중에서
가장 흔하게 쓰이는 것을 찾아볼까요?

이렇게 찾아본 인공지능 기술들이 우리 생활에
어떤 영향을 줄지 잘 생각해 보아요.

인공지능과 건강 관리

인공지능은 아주 빠르고 정확하게
어떤 병인지 알아내고
새로운 약을 개발하는 데
도움을 줄 수 있어요.

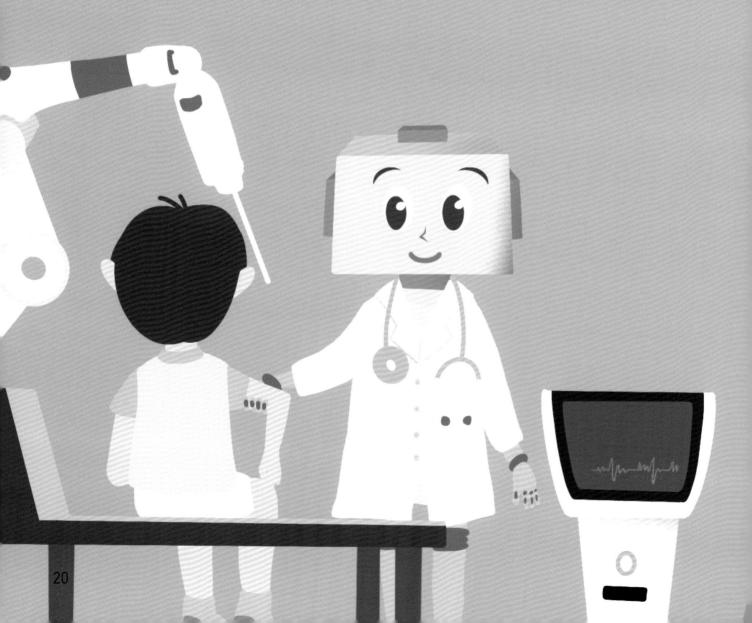

인공지능과 교육

인공지능은 선생님이 우리에게
새로운 것을 가르치고,
우리가 공부를 잘하고 있는지 살펴보는 데
도움을 줄 수 있어요.

인공지능과 농업

인공지능은 농부가 농작물을 키우고,
다 익으면 거두는 것을
도울 수 있어요.

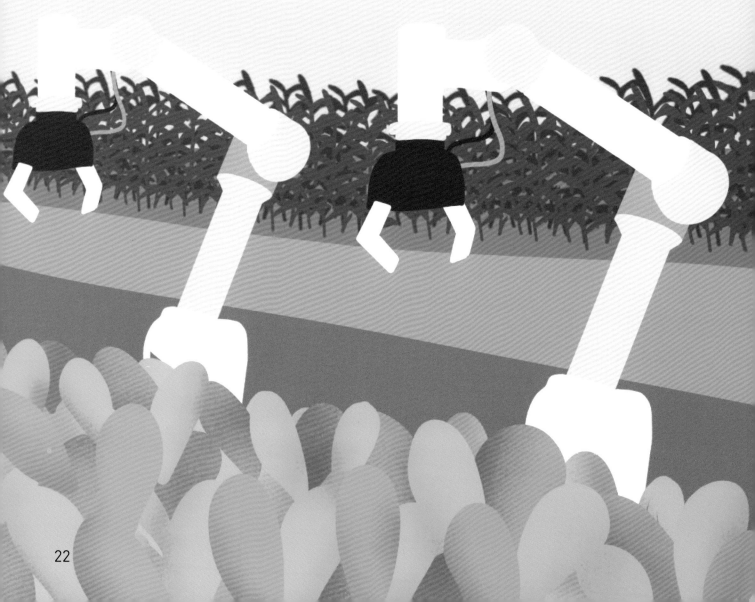

인공지능과 엔터테인먼트

인공지능은 우리가 음악과 영화를
고르는 것도 도와주어요.
개발자들은 게임을 더 재미있게 만들기 위해서
인공지능 기술을 이용해요.

인공지능과 소셜 미디어

인공지능은 내 소셜 미디어에 올릴
흥미로운 정보나 사진을 선택할 수 있도록
도와주어요.

인공지능은 내가 올린 정보나 사진에서
친구를 알아보고 친구의 소셜 미디어로
연결할 수도 있어요.

 소셜 미디어: 생각이나 의견을 표현하고 공유하는 온라인상의 정보 교류
프로그램이에요. 예로 네이버 블로그, 다음 카페, 페이스북,
인스타그램, 유튜브 등이 있어요.

인공지능과 비즈니스

인공지능은 쇼핑몰에서 우리가 좋아할 만한
물건을 골라 줄 수 있어요.

인공지능 챗봇은 쇼핑하는 사람들에게
언제든지 도움을 줄 수 있어요.

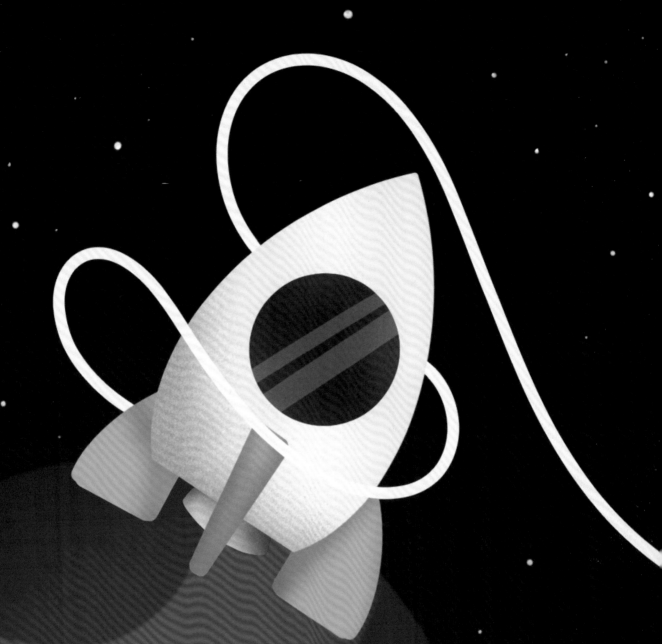

인공지능은 기계를 수시로 검사하고, 관리하는 것을 돕거나
우주를 탐험하는 일도 할 수 있어요.
위험하거나 어려운 일을
우주 비행사 대신하기도 하지요.

인공지능 로봇은 이미 우주 정거장, 달, 화성 등의
여러 장소로 보내졌어요.

인공지능과 우주 탐사

인공지능은 우리의 일상생활에
많은 <u>영향</u>을 주고 있어요.

인공지능이 모두에게 영향을 준다면
누구에게나 공정하게 대하도록 만들어야 해요.

인공지능은 편향되면 안 돼요.

편향이 무엇일까요?

편향이란 특별한 까닭 없이
어느 한쪽을 다른 쪽보다
더 좋아하거나 싫어하는 거예요.

인공지능은 사람들이
여러 가지 문제에 대해
결정을 내렸던 것을 보면서
인공지능 스스로 결정을 내리는 방법을 배워요.

우리가 편향된 결정을 하면
인공지능도 따라 할 거예요.

예를 들어 볼게요.
인공지능에게 개와 고양이를 구별하도록 훈련시킬 때,
학습용 데이터 안에 고양이 사진은 많고
개 사진은 적다면 어떻게 될까요?

인공지능은 개를 제대로 구별하지 못할 거예요.
학습용 데이터에 개 사진이 적게 들어 있어서
개를 알아보기 어렵도록 편향되어 있기 때문이에요.

인공지능이 모든 사람에게 유익한 서비스를 하려면
인공지능은 한쪽으로 치우치지 않은
공정한 데이터로 학습해야 해요.

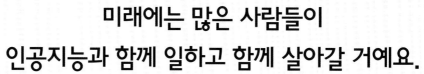

미래에는 많은 사람들이
인공지능과 함께 일하고 함께 살아갈 거예요.

우리가 집에 있을 때, 인공지능 로봇이
무엇을 도와주면 좋을까요?

리더

창작자

사용자

인공지능은 여러 방면에서
우리 세상에 영향을 주고 있어요.

우리는 사회에 도움이 되도록
인공지능을 어떻게 사용해야 할까요?

AI와 나

지금 edu.readyai.org를 방문해서
온라인 자격증과 배지를 받으세요!

더 많은 AI와 나 배지에도 도전해 보세요!

빅 아이디어 #1
인식

빅 아이디어 #2
표현 & 추론

빅 아이디어 #3
기계 학습

빅 아이디어 #4
사람과 AI의 상호작용

ReadyAI 홈페이지에서 어린이 학습자에게 기초 AI 교육을 온라인으로 무료 제공합니다.

인공지능의 기초를 알아가며 여러 가지 문제도 풀어 보세요.
각 단계를 끝까지 마치면, 다섯 개의 배지를 받을 수 있어요.

독자 여러분께,

인공지능의 '사회적 영향'을 즐겁게 읽으셨나요?
여러분은 앞으로 인공지능과 대화하고 로봇과 더불어
살아가는 세상에 살게 될 거예요.
기술은 엄청나게 빠른 속도로 발전하고 있어서 앞으로
어떤 변화가 일어날지 짐작하기 어려워요.
하지만 인공지능에 호기심이 많은 우리 어린이들에게
신나는 기회가 많이 생길 것만은 확실합니다.
여러분이 **AI와 나** 시리즈를 즐겁게 보았다면, 여러분 스스로
인공지능을 계속 배워 나가고 사회에 좋은 영향을 끼치기 위해
인공지능을 활용하는 자신만의 방식을 찾아내기 바랍니다.

데이비드 S. 투레츠기 박사
카네기 멜론대학 컴퓨터과학 교수
AI4K12 설립자
ReadyAI 자문위원회 위원

인공지능의 다섯 가지 빅 아이디어

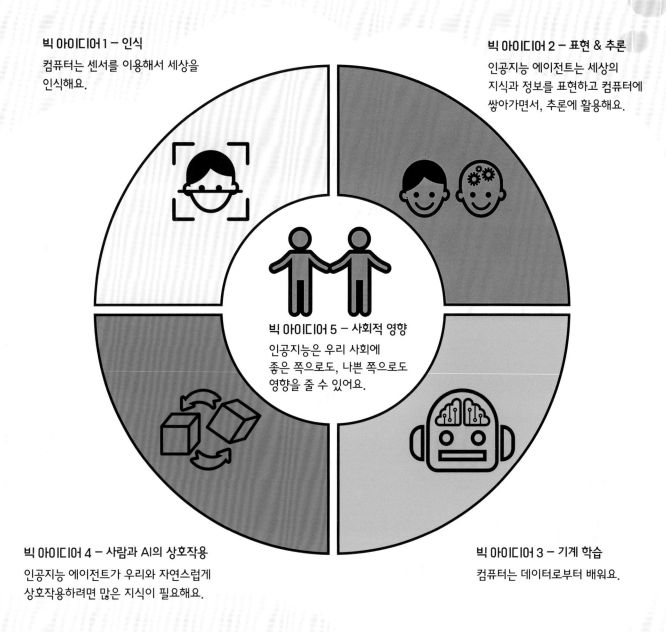

빅 아이디어 1 – 인식
컴퓨터는 센서를 이용해서 세상을 인식해요.

빅 아이디어 2 – 표현 & 추론
인공지능 에이전트는 세상의 지식과 정보를 표현하고 컴퓨터에 쌓아가면서, 추론에 활용해요.

빅 아이디어 5 – 사회적 영향
인공지능은 우리 사회에 좋은 쪽으로도, 나쁜 쪽으로도 영향을 줄 수 있어요.

빅 아이디어 4 – 사람과 AI의 상호작용
인공지능 에이전트가 우리와 자연스럽게 상호작용하려면 많은 지식이 필요해요.

빅 아이디어 3 – 기계 학습
컴퓨터는 데이터로부터 배워요.

인공지능의 다섯 가지 빅 아이디어는 AI4K12에서 AAAI(미국인공지능학회)와 CSTA(미국컴퓨터과학교사협회)가 협동으로 디자인한 K12(유치~고3까지 아우르는 교육과정) 인공지능 교육 가이드입니다.

부모님께,

어른들은 보통 자율주행 자동차, 시리, 빅스비 음성 지원 등의 여러 인공지능 기술들이 혁신적이지만 때로는 번거롭다고 생각합니다.

우리 아이들은 어른들처럼 생각하지 않습니다. 아이들은 인공지능을 자연스럽게 이해합니다. 아이들이 빅스비에게 어떤 질문을 하는지 보세요. 아이들은 어른들처럼 질문하지 않습니다. 앞으로 10여 년 안에 대부분 아이들은 인공지능 직장 동료, 인공지능 운전기사, 인공지능 보험 설계사, 인공지능 고객 서비스 담당자, 인공지능 은행원, 인공지능 접수 담당자, 인공지능 방사선 전문의와 함께 살아갈 것입니다. 간단히 말해서, 인공지능은 우리 아이들 삶에서 자연스러운 한 부분이 되어 있을 것입니다.

어른인 우리는 아이들이 인공지능을 효율적으로 사용하고, 본질적인 한계를 이해하고, 기술을 이용하여 더 좋은 미래를 만들 수 있도록 도와줘야 할 책임이 있습니다. ReadyAI의 핵심 신념은 "인공지능과 함께 살아가는 세상에서 전 세계 아이들은 누구나 지적, 정서적으로 발달할 수 있도록 인공지능 교육을 받을 권리가 있다"는 것입니다. 모든 아이들이 인공지능 교육을 받게 되면, 아이들은 첨단 기술과 단절된 구경꾼에서 지역 사회와 세계의 긍정적인 변화에 기여하는 능동적인 참여자로 변화할 수 있습니다.

인공지능은 넷플릭스에서 영화를 스포티파이에서 음악을 골라 주고, 페이스북에서 새로운 이야기들을 추천하는 것 이상의 중요한 역할을 곧 하게 될 것입니다. 우리는 아이들이 인공지능을 이해하고 사용하는 데 그치지 않고, 어릴 때부터 인공지능의 윤리와 사회적 영향을 신중하게 평가할 수 있도록 도와주어야 합니다. 우리 아이들을 위해 함께 나아갑시다!

루즈베 알리아바디
ReadyAI 대표

AI와 나 시리즈

인공지능 교육과정 영역 및 내용 요소

초등학교~고등학교

영역	세부 영역	내용 요소				
		초등학교 1~4학년	초등학교 5~6학년	중학교	고등학교 기초 (인공지능 기초 과목)	고등학교 심화
인공지능의 이해	인공지능과 사회	• 인공지능과의 첫 만남	• 인공지능의 다양한 활용 • 약인공지능과 강인공지능	• 인공지능 발전 과정 • 튜링 테스트	• 인공지능의 개념과 특성 • 인공지능 기술의 발전과 사회변화	• 인공지능 기술의 중요성 • 인공지능 융·복합
	인공지능과 에이전트				• 지능 에이전트의 개념과 역할	• 지능 에이전트 분석
인공지능 원리와 활용	데이터	• 여러 가지 데이터 • 수치 데이터 시각화	• 데이터의 중요성 • 문자 데이터 시각화 • 데이터 경향성	• 데이터 수집 • 데이터 전처리 • 데이터 예측	• 데이터의 속성 • 정형 데이터와 비정형 데이터	• 데이터 속성 분석 • 빅데이터
	인식	• 컴퓨터와 사람의 인식	• 컴퓨터의 인식 방법	• 사물 인식	• 센서와 인식 • 컴퓨터 비전 • 음성 인식과 언어 이해	• 컴퓨터 비전의 응용 • 음성 인식의 응용 • 자연어 처리
	분류, 탐색, 추론	• 특징에 따라 분류하기	• 인공지능 분류 방법 • 지식 그래프	• 인공지능 탐색 방법 • 규칙 기반 추론	• 문제 해결과 탐색 • 표현과 추론	• 휴리스틱 탐색 • 논리적 추론
	기계 학습과 딥러닝	• 인공지능 학습 놀이 활동	• 기계 학습 원리 체험	• 지도 학습 • 비지도 학습	• 기계 학습의 개념과 활용 • 딥러닝의 개념과 활용 • 분류 모델 • 기계 학습 모델 구현	• 기계 학습 알고리즘 • 강화 학습 원리 • 퍼셉트론과 신경망 • 심층신경망
인공지능의 사회적 영향	인공지능 영향력	• 우리에게 도움을 주는 인공지능	• 인공지능과 함께하는 삶	• 인공지능과 나의 직업	• 사회적 문제 해결 • 데이터 편향성	• 인공지능과의 공존 • 알고리즘 편향성
	인공지능 윤리		• 인공지능의 올바른 사용	• 인공지능의 오남용 예방	• 윤리적 딜레마 • 사회적 책임과 공정성	• 인공지능 개발자 윤리 • 인공지능 도입자 윤리

〈교육부, 한국과학창의재단〉

인공지능 교육과정 연계 가이드

초등학교 1~4학년

영역	세부 영역	내용 요소	수행 기대
인공지능의 이해	인공지능과 사회	인공지능과의 첫 만남	• 인공지능이 적용된 여러 가지 기기를 체험한다. • 인공지능이 인간보다 잘하는 것을 구분한다.
	인공지능과 에이전트		
인공지능 원리와 활용	데이터	여러 가지 데이터	• 놀이 활동을 통해 숫자와 문자를 색, 그림 등 다양한 방법으로 표현한다. • 생활 속에서 다양한 유형의 데이터(문자, 숫자, 이미지, 소리 등)를 찾아본다.
		수치 데이터 시각화	• 수치 데이터를 그래프(그림그래프, 막대그래프 등)로 표현한다.
	인식	컴퓨터의 인식 장치	• 사람의 감각기관과 컴퓨터의 입출력기기를 비교한다.
	분류, 탐색, 추론	특징에 따라 분류하기	• 사물의 특징을 찾아본다. • 사물의 특징에 따라 분류한다.
	기계 학습과 딥러닝	인공지능 학습 놀이 활동	• 놀이 활동을 통해 인공지능의 학습 과정을 체험한다.
인공지능의 사회적 영향	인공지능의 영향	우리에게 도움을 주는 인공지능	• 우리에게 도움을 주는 인공지능 서비스·제품을 찾아본다.

〈교육부, 한국과학창의재단〉

초등학교 5~6학년

영역	세부 영역	내용 요소	수행 기대
인공지능 원리와 활용	데이터	데이터의 중요성	• 문자 데이터를 시각화하여 표현할 수 있다.
		문자 데이터 시각화	• 제시된 데이터를 통해 새로 입력된 데이터의 결과를 예측할 수 있다.
		데이터 경향성	• 다양한 센서를 통해 입력받은 정보를 컴퓨터가 인식하는 방법을 설명할 수 있다.
	인식	컴퓨터의 인식 방법	• 사물의 특징을 파악하여 분류 기준을 찾을 수 있다.
	분류, 탐색, 추론	인공지능 분류 방법	• 사물의 특징을 파악하여 분류 기준을 찾을 수 있다. • 의사결정트리를 만들어 사물을 분류할 수 있다.
		지식 그래프	• 단어의 연관 관계를 지식 그래프로 표현할 수 있다.
인공지능의 사회적 영향	인공지능의 영향	인공지능과 함께하는 삶	• 인공지능을 효율적으로 활용하기 위해 어떤 역할과 권한을 부여할지 제시할 수 있다.
	인공지능 윤리	인공지능의 올바른 사용	• 인공지능을 올바르게 사용하는 방법을 알고, 생활 속에서 실천할 수 있다.

〈교육부, 한국과학창의재단〉

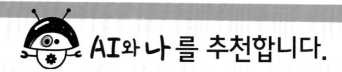

AI와 나 를 추천합니다.

이정모 국립과천과학관장

인공지능과 로봇의 시대는 우리 코앞에 닥쳤습니다. 이제 우리 아이들은 사람뿐만 아니라 인공지능과의 소통 능력이 아주 중요한 세상에 살게 된 것이죠. 인간 사이의 소통도 가르치기 쉽지 않은데 인공지능과의 소통은 어떻게 가르칠 수 있을까요? 아마 우리가 가르치지는 못할 겁니다. 부모와 교사들도 경험하지 못한 일이니까요. 하지만 인공지능 시대를 두려운 마음으로 맞을 수는 없습니다. 전혀 새로운 이해가 필요합니다. 전혀 새로운 방식으로 소개해야 합니다. **AI와 나**는 인공지능 전문가와 교육 전문가들이 지혜를 모은 학습서입니다. 지금까지 이런 책은 없었습니다. 인공지능이 어떻게 세상을 인식하고, 추론하고, 학습하고, 표현하는지 그림과 짧은 글로 설명했습니다. 아이들의 눈에 맞추면서도 정확하게 설명했죠. 부모님 그리고 선생님들도 함께 보시기 바랍니다.

장병탁 서울대학교 컴퓨터공학부 교수

우리 어린이들은 앞으로 AI와 함께 살아갈 세대입니다. AI는 잘 활용하면 자신의 경쟁력을 키우는 협조자가 될 것이며, 반면에 자신의 일자리를 위협하는 경쟁자가 될 수도 있습니다. **AI와 나**는 이러한 AI 시대를 준비하는 미래의 나침반 역할을 하고 있습니다. AI가 어떻게 세상을 인식하고 표현하는지, 세상의 문제를 AI가 어떻게 해결하는지, 문제 해결을 위해서 AI가 어떻게 학습하는지, 그리고 사람과 AI가 어떻게 커뮤니케이션하는지를 그림과 예를 사용하여 구체적이면서도 재미있게 이야기로 풀어내고 있습니다. 그래서 어린이들이 AI의 원리를 쉽게 이해하고, 강력한 도구로 활용하는 법을 가르쳐 주어 AI 시대를 이끌어 가도록 안내하고 있습니다.

김수환 총신대학교 사범학부 교수

우리 아이들이 살아갈 세상은 인공지능과 공존하는 사회가 될 것입니다. 생활 곳곳에서 인공지능을 만나게 될 것이고, 일하는 회사에서도 인공지능을 활용하여 문제를 해결해야 하는 세상에서 살게 될 것입니다. 인공지능이 인간과 어떻게 다르고, 어떤 원리로 작동하는지 모른다면 인공지능을 제대로 활용할 수 없습니다. 인공지능에 대한 막연한 기대나 불안감은 인공지능을 제대로 알지 못하는 데에서 비롯됩니다. **AI와 나**는 어린아이들이 인공지능에 대해 쉽고 재미있게 배울 수 있는 기회를 제공합니다. 아이들과 함께 이야기를 따라가다 보면 인공지능의 원리를 재미있게 배울 수 있을 것입니다. 인공지능에 대해 알고 싶은 아이들에게 첫 번째 책으로 권하고 싶습니다.

이지항 상명대학교 휴먼지능정보공학과 교수

AI가 크게 발전하면서, 이에 대한 기대도 높지만 염려도 커지고 있습니다. 사실은 지능에 대한 탐구가 시작되면서 AI도 함께 발전해 왔고, 우리와 함께 늘 공존하고 있었습니다. AI가 무엇인지, 어떤 일을 하는지, 어떻게 우리와 상호작용하는지 알 기회가 적었던 것뿐이죠. **AI와 나**는 AI의 개념과 정보를 알기 쉽게 소개하고 있습니다. 특히 AI와 함께 살아갈 아이들이 알기 쉽도록, 쉬운 단어와 그림을 중심으로 실생활에서 찾아볼 수 있는 사례와 예시를 통해 AI를 소개하고 있습니다. 부모님과 아이들이 함께 읽어 보고 이야기를 나누면서, AI에 대해 더 깊이 알 수 있는 가족 첫 번째 AI 책으로 추천합니다.

AI와 나

빅 아이디어 5 – 사회적 영향
AI는 어떻게 세상을 바꿀까?

초판발행	2021년 7월 21일
지 은 이	ReadyAI
옮 긴 이	이정모
감 수	장병탁 · 김수환 · 이지항
펴 낸 이	김남인
편 집	최수현
디 자 인	곽상엽 · 박상군
마 케 팅	김진주
펴 낸 곳	씨마스 21
주 소	서울특별시 강서구 강서로33가길 78
등록번호	제 2020-000180호 (2020년 11월 24일)
내용문의	02)2268-1597 / 팩스 02)2278-6702
홈페이지	www.cmass21.co.kr / 이메일 cmass@cmass21.co.kr
I S B N	979-11-5672-435-3
	979-11-5672-430-8(세트)